AF236365

Versicherungen verstehen

Wie Sie die für Sie richtigen Versicherungen erkennen und den besten Anbieter auswählen – inkl. Versicherungschecklisten

Johannes Leuken

INHALT

Das erwartet Sie in diesem Ratgeber

Versicherungen begleiten Sie Ihr ganzes Leben, ob bewusst oder unbewusst. Viele davon sind selbstverständlich, so wie beispielsweise eine Rentenversicherung, eine Krankenversicherung oder eine Autoversicherung. Einige dieser Versicherungen sollten Sie von Gesetzes wegen haben, andere dienen Ihrer Zukunftssicherung, schützen Sie vor hohen Forderungen oder zahlen bei einem Schaden eine Geldsumme an Sie aus. Warum brauchen Sie überhaupt solche Absicherungen? Weil der Gesetzgeber dadurch Sorge tragen will, dass Sie durch solche

Versicherungen vor hohen finanziellen Forderungen und Belastungen geschützt werden sollen. Manchmal können die Summen, die Sie bei einem Schaden oder einem Leistungsfall zahlen müssen, gar nicht selbst in dieser Höhe aufbringen (z. B. eine große OP nach einem Sturz oder nach einem Autounfall mit mehreren Verletzten und hohem Sachschaden). Dabei gibt es gesetzlich vorgeschriebene oder vorgegebene Versicherungen, wie die schon erwähnte Krankenversicherung, aber auch die Rentenversicherung oder die Arbeitslosenversicherung. Beim Eintritt ins Berufsleben sind diese Versicherungen also automatisch dabei.

Viel interessanter und auch Schwerpunkt dieses Ratgebers sind aber all die Versicherungen, um die Sie sich selbst kümmern müssen, um sich richtig abzusichern, so wie ein Bergsteiger an einem steilen Hang mit einer entsprechenden Ausrüstung. Leider gibt es kein Fach in der Schule, in der Berufsschule oder an der Hochschule, in dem das Fach „Leben" gelehrt wird. Alles, was Sie über die Themen Geld und Absicherungen, die zu den wichtigsten Bereichen im Leben zählen, wissen müssen, kommt nicht vom Schulwissen, sondern oft durch Eltern, Freunde oder aus der Eigeninitiative heraus. Hier soll daher eine Hilfestellung gegeben werden, um besser informiert zu sein und richtige Entscheidungen zu treffen.

Es gibt viele Versicherungsgesellschaften, viele Möglichkeiten, sich zu versichern, und unterschiedliche Preise für die augenscheinlich selben Produkte – wer blickt da noch durch? Hier gibt es daher eine Art Kompass, eine Richtlinie für Sie, welche Versicherungen am Beginn Ihres (Beruf-) Lebens sinnvoll und wichtig sind, und welche Bausteine Sie für die Zukunft bereits frühzeitig im Auge behalten sollen.

Sie erfahren, ab wann Sie sich mit Versicherungen befassen sollten. Sie wissen, welche Versicherungen zu Beginn für Sie wichtig sind und worauf Sie bei der Auswahl achten sollten. Zusätzlich schaffen Sie die Grundlagen für langfristige Absicherungen, die bei einem frühen Beginn auch noch günstiger sind, weil Sie verschiedene Faktoren wie Alter (= Zeit) oder Gesundheit vorteilhaft ausspielen können.

Geld ist nicht alles – aber alles ist nichts ohne Geld, so könnte der Spruch der Versicherungen lauten. Sie werden ihn noch verfeinern können: MEIN Geld ist nicht alles – aber alles ist nichts ohne das GELD DER VERSICHERUNG im Leistungsfall. Versicherungen können einen Schaden nicht ungeschehen machen, nicht heilen und nicht die Zeit zurückdrehen. Aber sie können Sie dabei unterstützen, die Herausforderungen des Lebens mit viel Geld besser zu meistern. Doch dafür müssen SIE auch etwas tun – Sie müssen sich richtig versichern. Wie, das lesen Sie hier.

Was war die Idee hinter der Versicherung, woher kommt sie eigentlich?

Versicherungen sind eigentlich ein alter Hut. Was schrieb ich doch schon ganz zu anfangs? Es geht bei Versicherungen nicht ums Prestige, man kann sich mit Versicherungen nicht schmücken, niemanden beeindrucken. Es geht hier eigentlich immer ums Geld, das eigene Geld, entweder in der Form, es zu zahlen, oder, es selbst zu bekommen.

Daher ist es auch nicht weiter verwunderlich, dass mit Auftreten des ersten Geldes (und nicht mehr der einfache Tauschhandel aus den Zeiten der Jäger und Sammler) auch eine Art Absicherung der Werte aufkam, die man mit diesem Geld erschaffen hatte. Und das ist schon viel länger her, als man glaubt, sehr viel länger, fast 4.000 Jahre.

So wurden in Mesopotamien die Baumeister zur Sorgfalt beim Bauen verpflichtet, sie mussten eine Art Versicherung gegenüber den Bauherren abgeben, wenn auch staatlich erzwungen. So hatten sie bei einem Einsturz eines von ihnen errichteten Hauses dieses auf eigene Kosten wieder aufzubauen. Die erste einfache Gebäudeversicherung der Welt, staatlich verordnet. Baue gut oder mache es ein zweites Mal kostenlos. Eine eher einseitige Verpflichtung, aber eine beruhigende Sache für den Hausbesitzer. Und einseitig ist nie gut.

Zwei Jahrtausende später keimte dann der Gedanke der Risikostreuung auf, das Verteilen der finanziellen Gefahren auf die Schultern mehrerer Gleichgesinnter, die sich zusammentun, um den Kosten besser begegnen zu können. Dieses Prinzip gilt heute noch.

Und angefangen hat es mit dem Ende, dem Lebensende – ja, mit den Sterbekassen. Im alten Rom, aber auch im antiken Griechenland waren die Trauerzeremonien und die standesgemäße Totenfeier oft ein großer finanzieller Akt für die Hinterbliebenen, vor allem, wenn der Verstorbene hoch angesehen war und eine große trauernde Menschenmenge zusammenkam.

Man schloss sich daher in diesen besagten Sterbekassen zusammen und jeder zahlte einen Obolus schon zu Lebzeiten ein, damit die eigene Bestattung würdevoll gestaltet werden konnte und die Familie damit nicht belastet würde. Die erste (Sterbegeld-) Versicherung war so entstanden.

Wir werfen auf der Reise durch die Zeit einen Blick ins frühe Mittelalter: Viele Behausungen der einfachen Bevölkerung in Stadt und Land wurden nur selten aus massiven Baustoffen wie Ton, Lehm oder Ziegeln errichtet. Vielmehr war alles aus dem überall leicht verfügbaren, einfach zu bearbeitenden und damit günstigen Baustoff Holz gefertigt: kleine und größere Häuser, aber auch Schiffe, Brücken über Flüsse, sehr viele Großkonstruktionen damals. Somit war klar, dass es dadurch ein höheres Risiko in Bezug auf Beschädigung und Zerstörung gab, z. B. bei Schiffen in Stürmen auf dem Meer.

Es kam zu Schiffbrüchen und Untergängen, Mannschaft und Ladung waren verloren, aber auch ein Haus konnte leicht ein Opfer der Flammen werden, denn gekocht wurde am offenen Feuer und der Funkenflug aus den Kaminen der vielen Häuser stellte immer eine Gefahrenquelle dar, denn die Dächer waren oft mit Stroh gedeckt, da kommt eines zum anderen. Leichtsinn, Unachtsamkeit und Gleichgültigkeit haben so manches Feuer entfacht. Und sogar Feuersbrünste wie der große Brand von London 1666, der einen Großteil der damals eng mit Holzhäusern bebauten Stadt niederbrannte, wurde durch einen Holzofen einer dortigen Bäckerei ausgelöst.

Leider war dies keine Ausnahme. Der Schutz der Gebäude vor Feuer war zwar wichtig, aber eher als gering zu beurteilen. Zwar sah das königliche Baurecht vor, dass alle Häuser mit einem vorgegebenen Sicherheitsabstand voneinander zu erreichten waren, also nicht so eng zusammen zu bauen, um bei einem Brand ein Überspringen der Funken und Flammen von Haus zu Haus zu verhindern oder zu erschweren, doch dies wurde oft missachtet und kaum geahndet.

Wie heute auch, war schon damals Wohnraum in den Städten ein knappes Gut und man nutze jeden Quadratmeter aus, indem man die Häuser oben ausladender baute. In der Folge wohnten viele Menschen auf engem Raum, sodass bei einem Brand das Feuer leichtes Spiel mit den Holzhäusern hatte. Oder das Feuer wurde noch von Winden in den engen Gassen wie in einem Kamin noch zusätzlich angefacht. Feuerwehren, wie Sie sie heute in der Nachbarschaft haben, kannte man zwar schon seit der Antike als einen Teil des Militärs, doch waren diese eher spärlich ausgebildet in der Brandbekämpfung und kaum in der Lage, größere Brände wirkungsvoll zu bekämpfen. Zumal auch die Alarmierung eine Zeit dauerte und die Löschhilfsmittel nicht gut waren.

Selbst im 18. Jahrhundert noch waren die Feuerwehren eher eine Art Sportverein, die die Pferde-gezogenen Spritzen und Pumpen mit Muskelkraft bedienten, aber keine professionellen Brandbekämpfer und Lebensretter. Also behalf man sich in der Not immer mit der Nachbarschaftshilfe, jeder musste anpacken. Es wurden beispielsweise Eimerketten zum Brunnen oder einem Löschteich gebildet. Doch das war oft nicht genug und man erkannte schmerzlich, dass es Risiken gab, die man so nicht beherrschen konnte. Der Wiederaufbau Londons übrigens geschah dann größtenteils mit Steinhäusern, man hatte wohl gelernt. Wir merken uns Nachbarschaftshilfe, denn dieses Prinzip ist im weitesten Sinne die Idee, um die es hier geht.

Gefährdet waren ebenso alle Segelschiffe, die bekanntermaßen aus Holz gefertigt waren, denn sie stellten das wichtigste Transportmittel damals dar (vergleichbar mit den Containerschiffen heute), denn die Ladungen waren wichtige und wertvolle Handelsgüter aus allen damals bekannten Regionen, deren Verlust (und der des Schiffes mit der Mannschaft) für die Eigner und die Kaufleute sehr teuer waren.

Um diese Gefahr des Verlustes zu versichern, lobte man eine (Versicherungs-)Summe für die erfolgreiche Ankunft und Anlandung der Waren im Zielhafen aus. Doch die Zinsen, die diese Wetten mit sich brachten, waren in diesen dunklen Zeiten des Mittelalters verpönt. Nur die verachteten Geldverleiher nahmen Zinsen. So „erfand" man einfach quasi als Ersatz die Versicherungsprämie für die Absicherung eines Risikos. Die Gilden und Zünfte versicherten so ihre Seeladungen und Schiffe entlang den Küsten und Häfen der Nord- und Ostsee. Auch hier war wieder das Motto: Wenn jeder etwas gibt, können wir uns gegenseitig helfen.

Die ersten neuzeitlichen Versicherungen waren demnach genau solche Seeversicherungen in den

Hansen, aber auch Brandgilden bildeten sich dort später, man wusste bereits, wie es geht. So waren auch die Häuser der Bewohner und Seeleute versichert, was recht praktisch war.

Von den Personenversicherungen war man noch etwas entfernt, obwohl es ganz vereinzelt schon Lebensversicherungen in England für herausgestellte Kaufleute gab, die diese benötigten. Erst nach dem Deutsch-Französischen Krieg 1870/71 führte der deutsche Kaiser Wilhelm durch seinen Reichskanzler Otto von Bismarck die heute noch in dieser Art geführten Sozialversicherungen ein, die nicht für einen Einzelnen, sondern für alle Arbeiter und Angestellten galten. Jetzt kommen Krankenversicherung, Invaliden- (heute: Unfall-) Versicherung, Rentenversicherung und Arbeitslosenversicherung als staatliche Pflichtversicherungen für die breite Masse. Diese Absicherungen haben sich so bewährt, dass sie selbstverständlich wurden und heute noch Bestand haben. Auch wuchs dadurch das Bestreben, nicht nur die damals üblichen französischen und englischen Versicherungen zu nutzen, sondern auch deutsche Assekuranzen bildeten sich langsam, um den wachsenden Markt zu bedienen

Versicherungen, auf die man praktisch keinen Einfluss hat.

Eine Versicherung kostet damals und heute Geld, Ihr Geld, in Form einer Versicherungsprämie. Also sollten Sie doch aussuchen können, was Sie versichern wollen und wie Sie versichert werden, oder? Gäbe es diese Wahlmöglichkeit für jeden, so wäre es sehr wahrscheinlich, dass einige Zeitgenossen die Sinnhaftigkeit nicht in allen

Pflichtversicherungen erkennen und verstehen. Auch die Lastenverteilung wäre nicht auf viele Mitversicherte aufgeteilt.

Also wurden die eben erwähnten Sozialversicherungen zur Pflicht für die Arbeiter und Angestellten. Von mancher Versicherung profitiert nur, wer krank wird, gebrechlich ist oder einen schweren Unfall hat, und von der Rentenversicherung bis zum Lebensende. Daher sind diese Sozialversicherungen nicht wählbar, sondern fester Bestandteil des Berufslebens geworden – bis heute. Um die finanzielle Belastung gerechter zu verteilen, wurde entschieden, dass der Arbeitgeber auch die Hälfte dieser Absicherung zu tragen hat. Das hört sich doch schon viel besser an. Sie zahlen nicht alles selbst, Ihr Arbeitgeber zahlt einen Teil mit, obwohl nur Sie von diesen Absicherungen direkt profitieren (der Arbeitgeber indirekt, da er so schneller wieder gesunde und zufriedene Mitarbeiter hat).

Aber heute es gibt mittlerweile trotzdem Möglichkeiten, sich in einem Fall die Versicherung auszusuchen: die Krankenversicherung. Sie entscheiden hier normalerweise zu Beginn des Arbeitslebens (versicherungspflichtige Tätigkeit heißt das genauer), bei welcher Krankenversicherung Sie versichert sein wollen.

Im Grunde sind dabei die Hauptvorgaben fest vor-
gegeben, jede Versicherung ist hierbei also gleich, nur
in den nicht so entscheidenden Nebenleistungen können die Krankenkassen einen Mehrwert anbieten, der
Sie dazu bringen soll, Ihre Versichertenkarte hier aus-
stellen zu lassen. Oft sind es Zusatzleistungen beim
Zahnarzt (Zahnreinigung) oder aber Mitgliedschaften
in Fitnessclubs oder andere Vorteile. Ja, Sie erkennen
schon den Sinn hinter diesen „Geschenken": Der Gesunde verursacht weniger Kosten, also fördern wir das
entsprechende Verhalten. Welche Vorteile bietet Ihre
Krankenkasse? Schauen Sie doch mal nach.

Eine weitere Pflichtversicherung, um die man
nicht herumkommt, wenn man gern mobil sein will, ist
die Kfz-Haftpflichtversicherung. Sie ist, wie der Name
schon sagt, eine Pflichtversicherung. Für die Inbetrieb-
nahme und das Führen eines Kraftfahrzeuges (also
Auto, Motorrad, Bus, Lkw usw.) müssen Sie eine gül-
tige Versicherung für dieses Fahrzeug haben. Das Bestehen einer solchen Versicherung wird bei der Zulas-
sungsstelle oder dem Straßenverkehrsamt in Form einer Versicherungsbestätigung nachgewiesen, heute in
elektronischer Form, früher als eine Karte in Postkar-
tengröße, die doppelt ausgefüllt wurde, daher Doppel-
karte genannt.

Das Original kam zur Anmeldung, die „Doppel-karte" als Durchschrift zum Versicherer. Gegenüber der Behörde wurde so bestätigt, dass die gesetzlich vorgeschriebene Haftpflichtversicherung für Sie vorliegt. Erst jetzt bekommen Sie das Kennzeichen zugeteilt. In einigen Nachbarländern ist es übrigens anders, z. B. in Italien, Frankreich oder England. Hier muss der Nachweis einer Versicherung in Form einer Bestätigung immer mitgeführt werden, die Kennzeichen sagen nichts über das Bestehen einer Versicherung aus.

Die Haftpflichtversicherung hat noch eine kleine Besonderheit, denn während eine Teil- oder Vollkaskoversicherung, die Sie zum Schutze des Fahrzeuges bei Brand, Diebstahl, Glasschaden nach Steinschlag oder Wildschaden noch hinzuwählen können, mit einer Selbstbeteiligung versichert werden kann, gibt es bei der Kfz-Haftpflicht keinen Selbstbehalt. Der Gesetzgeber mutet dem Geschädigten nicht zu, sich im Schadensfall noch um die Zahlung der Selbstbeteiligung vom Gegner kümmern zu müssen.

Sie kennen einen Jäger, der so manches zur Strecke bringt? Nein, macht nichts. Bei Wildschäden mit dem Auto sind Sie aber gesetzlich verpflichtet, diesen zu benachrichtigen, alternativ die Polizei. Auch Jäger müssen eine Jagdhaftpflichtversicherung haben, um

Schäden an Dritten nicht selbst bezahlen zu müssen, die sie verursacht haben, z. B. auf der Jagd durch einen Querschläger.

Der Wildschaden am Auto zählt allerdings nicht dazu, denn hier kann der Jäger nichts dafür, wenn Rehe die Straße queren oder die Neuanpflanzung im Wald anknabbern. Wohl aber, wenn er seinen Hegeverpflichtungen in seinem Revier nicht nachkommt und den Tierbestand nicht in einem gesunden Gleichgewicht hält. Verursachen diese Wildtiere dann einen Flurschaden (Wildschweine („Schwarzkittel" im Jäger-Jargon), weil sie beispielsweise ein Maisfeld verwüsten), wird der Jagdpächter für den Schaden haftbar gemacht – seine Versicherung muss den Schaden ersetzen. Und die Jagdhaftpflicht kann auch die Jagdhunde versichern.

Weitere Haftpflichtversicherungen betreffen bestimmte Berufsgruppen, die ähnlich wie bei der Kfz-Zulassung bei der entsprechenden Behörde auch einen Versicherungsnachweis für ihre Versicherung vorweisen müssen, um den Beruf ausüben zu dürfen. Der Schutz der Kunden/Klienten/Patienten steht hier im Vordergrund, z. B. bei Steuerberatern, Versicherungsvermittlern, Rechtsanwälten, Ärzten.

Und was sagt das Gesetz zu Versicherungen?

Wie bei der Entstehung der Versicherungen erwähnt, hat hier der Reichskanzler Otto von Bismarck entscheidend an der Installation von Sozialversicherungen mitgewirkt, wenn auch nicht ganz uneigennützig (er wollte unter anderem seine politische Macht gegenüber seinen Gegnern stärken und die Wirtschaftskraft des Deutschen Reiches stabilisieren, indem er die Arbeiter gesund hielt). Das Ergebnis kann sich aber sehen lassen, schließlich haben diese, für die Allgemeinheit wichtigen, Absicherungen bis heute Bestand.

Um die rechtlichen Grundlagen dafür zu schaffen, blicken wir nur ganz kurz auch auf die entsprechenden Gesetze, damit Sie wissen, woher eigentlich der Rechtsanspruch auf Versicherungen kommt und was er bedeutet. Allen voran wäre das Sozialgesetzbuch, SGB, das die Grundlage bildet für die zuvor bezeichneten Sozialversicherungen (Kranken-, Renten-, Arbeitslosen-, Unfall- und Pflegeversicherung). Jeder, der einmal arbeitslos war oder aber eine Kur oder gar die Altersrente beantragt hat, kennt diese „Bücher" in Form von seitenlangen Fragen und Erklärungen.

Hier nichts falsch zu machen, ist wichtig, denn es geht – wieder mal – um Ihr Geld. Zum Glück bieten die entsprechenden Ämter bereitwillig Hilfe beim Ausfüllen an, ganz kostenlos. Versicherungen, die Sie selbst wählen können, sind aber nicht minder wichtig. Darauf werde ich später genauer eingehen und Ihnen auch eine bedarfsgerechte Liste zur Verfügung stellen.

Diese Verträge können Sie im Internet oder aber bei einem Makler oder Versicherungsvertreter abschließen. Im Internet beraten Sie sich quasi selbst, stellen sich Fragen und beantworten diese selbst, manchmal gibt es auch eine Chat-Hilfe, die Sie unterstützt, aber Sie sind letztendlich auf sich gestellt. Fehler baden Sie selbst aus, es gibt niemanden, den Sie für Ihre Fehlentscheidung haftbar machen können.

Anders sieht das bei Maklern und Vertretern aus. Hier wird der gesamte Horizont an Bedarf und Wünschen abgefragt, um dann eine passgenaue Lösung anzubieten. Das Leben ändert sich, dementsprechend müssen sich auch die Versicherungen ändern. Folglich sind Versicherungen nicht statisch, sondern bedürfen immer wieder der Prüfung und Kontrolle, ob sie noch ihren Zweck erfüllen oder ob zusätzliche Absicherungen benötigt werden. Das funktioniert manchmal nicht so perfekt, denn die Vorstellungen über eine Gefahr, die es (neu) abzusichern gilt, kann von Kundensicht und Vertreter/Makler auseinandergehen.

Wie wichtig eine bestimmte Versicherung ist, kommt auf Wissen, Einschätzung, Erfahrung und Risikobereitschaft an. Ein Umstand, der wichtig ist, kann plötzlich als unwichtig angesehen werden und man selbst vernachlässigt ihn – schwups, entsteht eine Versicherungslücke, für die man vielleicht den Vermittler haftbar machen kann. Und wann merkt man diese Lücke? Genau, fast immer erst dann, wenn der Schaden da ist.

Daher ist ein Gesetz verfasst worden, an welches sich die Vermittler zu halten haben: das Versicherungsvertragsgesetz, VVG. Es entstand 1908 und wurde erst nach 100 Jahren, also 2008, aufgefrischt, umformuliert und neugestaltet. So lange hat sich die Erstversion bewährt. In diesem VVG werden nicht nur alle Versicherungen erfasst, Leistungen beschrieben und Rahmenbedingungen festgelegt. Hinzu gekommen sind nun auch Vorgaben, wie die Kunden, also Sie, beraten werden sollen, damit alle Bedürfnisse und Ziele erfasst werden. Schließlich sollen möglichst keine Lücken bleiben, die Sie nicht versichert hätten. Die Entscheidung können Sie nur treffen, wenn Ihnen ein Angebot dazu gemacht wird. Ja oder Nein können Sie nur dann sagen, wenn Ihnen auch ein Angebot unterbreitet wird. Dazu sollten Sie alle Fakten angegeben haben, die Ihnen als Risiken auffallen. Darauf werden Ihnen einer oder mehrere Lösungsvorschläge durch eine Versicherung unterbreitet.

Ist die Beratung nachweislich hier nicht korrekt gewesen, so haftet der Vermittler für den Schaden, der sonst Sache der Versicherung wäre. Bis 2008 haftete die Versicherungsgesellschaft für den Vertreter, der hier nicht sauber gearbeitet hatte. Dies wurde geändert, weil der Vermittler nun die Aufgabe hat, in regelmäßigen Abständen die Verträge seiner Kunden zu prüfen und auf Lücken hinzuweisen. Viele Kunden könnten manchmal den Eindruck haben, man verkauft ihnen eine Versicherung, dabei ist es Aufgabe des Vermittlers, gestützt vom Gesetz, die Versicherungslücken, die Löcher im finanziellen Schutzmantel, zu finden und gemeinsam mit Ihnen eine Möglichkeit zu finden, wie und womit diese Lücke (= finanzielles Risiko für Sie) geschlossen werden kann. Dabei kann es auch mal zu Missverständnissen auf beiden Seiten kommen.

Und wenn dazu im Schadensfall nicht bezahlt wird, ist die Not groß. Dann geht es im Streitfall erst mal zum Ombudsmann, einem altgedienten Versicherungsexperten, der beide Seiten anhört und einen Kompromiss sucht, mit dem alle leben können. Wenn keine Einigung erzielt wird, trifft man sich vor Gericht wieder, alles auf Basis des VVG und anderer zivil- und handelsrechtlicher Gesetzesbücher.

Meine erste Versicherung mache ich erst, wenn ich arbeite, oder?

Nun kennen Sie die rechtliche Seite, lassen Sie uns nun einsteigen in die Welt der Versicherungen, die Sie auch interessiert. Vielleicht haben Sie sich selbst schon mal die Frage gestellt, ab wann Sie eine Versicherung brauchen, und Sie sind zu dem Schluss gekommen: Wenn ich arbeite. Klar, wenn Sie arbeiten, verdienen Sie Geld und Sie können sich die Absicherung auch leisten, wissen vielleicht schon mehr vom Leben und was Sie brauchen. Doch ist das wirklich der richtige Zeitpunkt? Oder sollten Sie lieber sogar warten, bis die Probezeit um ist, damit Sie nichts falsch machen? Wie würden Sie es machen?

Meine Empfehlung wäre, die Versicherungen, speziell diese, die Gesundheitsfragen und auch das Alter stark berücksichtigen, so früh wie möglich zu machen. Solange Sie jung sind, noch fit wie ein Turnschuh, haben Sie normalerweise keine Einschränkungen und Sie sind somit tadellos versicherbar, ohne jeglichen Leistungsausschluss oder Beitragszuschlag wegen einer Gefahrenerhöhung. Dazu kommt noch das Alter als Beitragskriterium.

Junge Menschen werden seltener krank, sind aktiv und haben noch eine lange Zeit im Beruf vor sich. Somit ist der beste Zeitpunkt – kurz nach der Geburt. Was? Klar, da können Sie selbst keinen Einfluss nehmen, und schon gar nicht unterschreiben, aber als junger Erdenbürger haben Sie die besten Chancen auf eine günstige und gute Versicherung. Und das sollten die jungen Eltern wissen. Ach so.

Ziemlich früh, aber ein sinnvoller Start ins Leben beginnt hier. Laufen und sprechen zu lernen, Kindergarten und Schule bedeuten neue Herausforderungen, Spaß, Freude, Sport und viele kleine Gefahren. Hier ist man primär durch die Eltern (Krankenversicherung, Haftpflichtversicherung) und Kindergarten/Schule (gesetzliche Unfallversicherung) teilweise abgesichert. Teilweise, weil diese nur örtlich und zeitlich begrenzt sind. Zum Schulzeitende werden wieder die Eltern für Sie tätig werden, denn der Staat gibt finanzielle Zuschüsse, wenn man spart. Ab 16 Jahren ist man schon dabei. Auch die erste Mobilität „mit Motor" beginnt, ein Mofa muss versichert sein. Auch der Blick in Richtung Ausbildung und Berufsleben bedeutet erneut, Risiken abzusichern.

Im Beruf erweitert man nicht nur seine Erfahrung, lernt neue Fähigkeiten und trifft auf neue Kollegen, sondern man will vielleicht eine Familie gründen. Erneut tritt die Versicherung auf den Plan, deckt Risiken in der Ausbildung ab, schützt die junge Familie, sichert den Hausbau, Hab und Gut und – hier schließt sich der Kreis – man kümmert sich um den Nachwuchs.

Dies ist der Zeitraum, in dem Sie die besten Absicherungen brauchen, weil die Familie in den meisten Fällen finanziell von nur einem Versorger abhängig ist, und wenn Sie jetzt ausfallen, bedeutet das eine fatale Kettenreaktion in Bezug auf die ausbleibenden Einnahmen und weiterlaufenden Kosten und Rechnungen. Das ist die Stunde der Versicherungen, wenn alles aussichtslos erscheint, werden wenigstens die finanziellen Sorgen behoben – vorausgesetzt, Sie haben richtig vorgesorgt. Und diese Vorsorge geht weiter, denn die Kinder werden größer und stehen auf eigenen Füßen, während Sie auf Ihren Füßen immer wackliger werden.

Die Rente ist nun nicht mehr fern, gut, wenn Sie hier vorgesorgt haben, denn die Freizeit als Rentner kann teuer sein, doch die gesetzliche Rente ist klein und bringt Sie nicht weit. Langsam schwinden die Kräfte und Sie benötigen schon für die einfachsten Sachen wie Waschen und Anziehen plötzlich fremde Hilfe. Die Kosten dafür können schnell so hoch wie das damalige Einkommen werden. Sie wissen schon, wer damals vorgesorgt hat, belastet jetzt die Familie finanziell nicht unnötig.

Und was, wenn Sie keine Vorsorge getroffen haben? Die Kosten sind immer dieselben, aber wenn Sie diese nicht bewältigen können, werden die Kinder zur Zahlung verpflichtet. Kein schöner Gedanke, später den Kindern zur Last zu fallen, weil Sie keine Vorsorge getroffen haben. Dasselbe gilt auch für den letzten

Gang, den wir alle einmal gehen werden. Bestattungen werden immer teurer, in der Trauer fehlt es oft an der Energie und der Zeit, zu vergleichen und richtig zu entscheiden. Das kostet mal wieder Geld, dieses Mal aber nicht mehr Ihres. Und trotzdem sind Sie der Grund für die Kosten und diese Kosten können Sie schon vorab absichern, sodass die Familie in Ruhe trauern und Abschied nehmen kann. Das wird so jedem von uns einmal gehen.

Versicherungen begleiten uns ein Leben lang, beginnen Sie daher so früh wie möglich.

Sinnvolle und wichtige Versicherungen

Nachdem Sie schon ein gutes Stück in Ihrem Leben zurückgelegt haben, stellt sich die Frage, welche Versicherungen brauchen Sie denn überhaupt. Was sollten Sie schon haben? Was sollten Sie noch in Angriff nehmen oder nicht aus dem Auge verlieren?

Da Sie zu Beginn auf die empfohlenen Versicherungen gar nicht selbst Einfluss nehmen konnten, kann Ihnen dieser Ratgeber helfen, es bei Ihren

Kindern richtigzumachen, und Sie damit in die Lage versetzen, bessere Entscheidungen zu Versicherungen zu treffen. Als Kind besteht immer die Möglichkeit, wegen einer Kleinigkeit gleich im Krankenhaus zu landen. Daher sollte hier eine Absicherung getroffen werden, die die bestmögliche Versorgung sicherstellt, ein Einzelzimmer und der Chefarzt. So hat man Ruhe, kann das Kind begleiten (Rooming-in = ein Elternteil schläft auch im Krankenhaus) und die Genesung geht schneller. Mehrkosten können durch ein Krankenhaus-Tagegeld ausgeglichen werden.

Unfälle passieren und zum Glück bleiben oft nur ein paar Narben zurück. Doch leider geht es auch anders aus, das Leben wird von einer Sekunde auf die andere für die Zukunft komplett verändert. Und damit auch das Leben der Angehörigen, Ihr Leben. Hier sollten Sie in ausreichender Höhe eine Absicherung treffen, denn schließlich werden Ihr Kind oder Sie unter Umständen nie richtig arbeiten können, selbst Geld verdienen und es wird immer Ihnen oder Sie Ihrer Familie laufende Kosten verursachen. Und haben Sie erst einmal selbst Verpflichtungen (z. B. Hausbau), kann dies auch einschneidende Auswirkungen auf Ihre Familie haben. Daher ist eine Unfallversicherung so wichtig.

Auch die daraus resultierende Situation, dass Sie vielleicht selbst ein Pflegefall werden und gar nicht mehr die einfachsten und alltäglichen Dinge wie waschen, anziehen oder essen bewältigen können. Sie sind nun auf fremde Hilfe angewiesen, zu Hause durch die Eltern oder durch Pflegekräfte. Und das kann nicht nur alte Menschen treffen, ein Unfall kann plötzlich auch einen jungen Menschen in die Knie zwingen. Und wer gepflegt werden muss, benötigt viel Zeit und verursacht hohe Kosten. Entweder, weil die Angehörigen nicht mehr arbeiten können (= Verdienstausfall), oder aber, weil die Pflegekraft Kosten bedeutet.

Der Staat sorgt für eine Grundabsicherung, aber die Kosten sind oft wesentlich höher. Und was bedeutet das für Sie? Diese Möglichkeit, ein Pflegefall zu werden, sollte abgesichert werden. Das Thema Pflegeversicherung ist sicher nicht angenehm, niemand will ein Pflegefall werden, und sich mit diesem Thema zu beschäftigen, bedeutet auch nicht, dass man auch ein Leistungsempfänger wird/werden will, aber die finanziellen Folgen daraus sind immer enorm, wenn es doch dazu kommt. Reichen das eigene Geld und die staatliche Pflegehilfe dafür nicht aus, um die Pflegekosten zu bezahlen, vor allem, wenn Sie in einem Pflegeheim 24 Stunden betreut werden müssen, werden die nächsten

Angehörigen zur Zahlung verpflichtet. Das kann gut 2.000 Euro und mehr im Monat ausmachen. Könnten Sie das verantworten? Oder könnten Sie das für einen Angehörigen zahlen? Warum haben dann Sie und Ihre Familie noch keine Pflegezusatzversicherung?

Blicken wir nun auf die Sachversicherungen, die in dieser Start-Zeit sinnvoll sind. Zuallererst die Haftpflichtversicherung, denn, eine kurze Unvorsichtigkeit reicht schon, um einen Schaden bei einem Dritten zu verursachen, den Sie zu bezahlen haben. Oder bleiben wir bei den Kindern, wie schnell kann in ihrem Spiel oder in der Schule etwas beschädigt werden. Und wieder sind Sie es, der für solche Schäden haftet, ob Fenster, Brille oder Nachbars Autotür. Schlimmer wird es, wenn Personen einen Schaden erleiden und eine lebenslange Zahlung zugesprochen bekommen. Ohne eine Haftpflichtversicherung schulden Sie dann dem Geschädigten diese Zahlungen über Jahre. Doch das ist leicht vermeidbar.

Eine Hausratversicherung schützt Ihre Einrichtung vor Kosten nach versicherten Schäden. Zu Hause kann viel passieren, wenn Sie z. B. gerade unterwegs sind. Plötzlich bricht eine Wasserleitung in der Wand und setzt die Wohnung unter Wasser.

Oder ein Blitz schlägt in der Nähe während eines Gewitters ein, dadurch kann die empfindliche Technik durchbrennen oder beschädigt werden. Unerwünschter Besuch in Form eines Einbrechers, der sich an Ihren Wertsachen oder Einrichtungsgegenständen vergreift, dabei vielleicht auch viele Schäden und Zerstörung am Hausrat hinterlässt. Immer zahlt Ihnen die Hausratversicherung den entstandenen Schaden. Und das sogar ohne Rücksicht auf das Alter der versicherten Sachen. Dies nennt man Neuwertversicherung.

Aber wie hoch muss denn die Versicherung sein, damit alles abgesichert ist und man nicht Gefahr läuft, zu niedrig versichert zu sein? Eigentlich müssten Sie von allen Dingen, die sich in der Wohnung befinden, die Kaufbelege aufheben und dann zusammenrechnen. Doch wer hat das? Wer kann das? Hier hilft die Versicherung mit einer Faustformel. Für jeden qm Wohnfläche werden 650 € an Versicherungswert angenommen, sodass Sie z. B. bei 100 qm Wohnfläche (die Größe der Wohnung steht normalerweise im Mietvertrag oder im Bauplan) eine Versicherungssumme von 65.000 € versichern.

Ist dies so vereinbart, verzichtet die Versicherung im Schadensfall darauf, einen Abzug von der Schadenszahlung wegen einer zu geringen

Versicherungssumme vorzunehmen. Man spricht von einem Unterversicherungsverzicht. Voraussetzung dafür ist, dass die qm richtig angegeben wurden und man keine teuren Besonderheiten hat, wie Kunstgegenstände oder Sammlungen. Hier gelten höhere qm-Werte oder so wird eine summenmäßige Erfassung der besonders teuren Einzelstücke durchgeführt, um eine angemessene Absicherung im Schadensfall zu haben.

Wie die Hausratversicherung den Inhalt der Wohnung oder des Hauses versichert, so müssen Sie auch die eigenen 4 Wände als Hausbesitzer versichern. Schließlich geht es hierbei oft um hohe Werte, die Sie unter Umständen gegenüber der Bank langfristig abbezahlen und Sie keine Mehrkosten durch teure Schäden haben wollen, die vermeidbar sind, weil es Versicherungen dafür gibt. Neben den drei Grundgefahren Feuer (Brand, Blitzschlag, Explosion), Leitungswasser (Rohrbruch) und Sturm/Hagel kann auch die Umweltgefahr durch Starkregen und Rückstau sowie Überschwemmung mitversichert werden. Angesichts der Wetterkapriolen der letzten Jahre bestimmt keine schlechte Idee, vorausgesetzt, es gab auf dem betreffenden Grundstück oder am Haus noch keine Schäden durch solche Unwetter in den letzten Jahren.

Um Kosten geht es auch bei der Rechtsschutzversicherung, die nächste sinnvolle Versicherung. Auch wenn Sie nicht streitsüchtig sind, jemand anderes ist es bestimmt und Sie müssen sich plötzlich einem Rechtsstreit aussetzen. Seien es falsche Beschuldigungen, falsche Tatsachen oder nur das Einklagen Ihres Rechtes, sich zur Wehr zu setzen gegen die Fehler der anderen, nur zu oft kann nur ein Rechtsanwalt Ihnen weiterhelfen. Nur der Jurist bekommt Akteneinsicht, kennt sich mit der komplexen Materie Recht aus und kann auch schon einschätzen, wie gut die Chancen vor Gericht sind. Gute Anwälte helfen Ihnen weiter und sind teuer. Wenn Sie versichert sind, vertritt er Sie gern, Sie haben kein Kostenrisiko.

Jeder will unbeschadet durchs Leben kommen, seine Freizeit genießen und keine Sorgen haben.

Doch in der heutigen Zeit ist die Arbeit nicht mehr nur körperlich anstrengend und kann schädigend sein, auch psychische Belastungen kommen auf einen zu. Sei es der Wettbewerb innerhalb der Firma um Aufstieg, bessere Positionen, Mobbing, Zeitdruck, Neid, alles kann dazu führen, dass Sie Ihre Arbeit nicht mehr wie geplant und gewohnt ausüben können, Sie werden krank, physisch und seelisch. Mittlerweile wird jeder 4. Berufstätige zu einem Fall für die

Berufsunfähigkeitsversicherung (BU), so die Statistik. Das sind beeindruckende Zahlen.

Daher ist es umso wichtiger, dass Sie sich rechtzeitig und ausreichend vorsorgen. Bereits als Schüler kann dies kostengünstig erfolgen, obwohl hier noch kein Beruf ausgeübt wird. Doch die Richtung ist schon eingeschlagen und so kann man für kleines Geld die Basis für die BU schaffen, indem Sie die Leistungen bedingungsgemäß an Ihre Lebensumstände anpassen. Und das Gute dabei, es werden hierbei dann keine Gesundheitsfragen mehr gestellt.

Mit einer Familie steigt auch der Bedarf an Absicherung. Die Kosten steigen, oft ist nur noch ein Partner für das Verdienen zuständig. Der Hauptverdiener sollte hier eine Risikolebensversicherung haben, die mindestens so lange läuft, bis die Kinder aus dem Haus sein könnten (und/oder die Baufinanzierung abbezahlt ist). Tritt der schlimmste Fall ein, so ist wenigstens die Familie finanziell abgesichert und muss nicht noch Existenzängste haben, weil jetzt das Leben ohne Sie stattfindet. Daher sollte die Summe von Ihnen ausreichend hoch gewählt werden, nicht nur über die Höhe der Baufinanzierung, sondern auch für die Familie muss noch genug übrig bleiben nach einem solchen Schicksalsschlag.

Mit Krankenzusatzversicherungen können Sie sich als gesetzlich Krankenversicherter fast so versichern wie ein Privatpatient, vor allem im Krankenhaus. Sie sichern sich die Behandlung durch den Chefarzt und bekommen ein Ein- oder Zweibettzimmer. Auch der Bereich Zahnersatz kann sehr teuer werden, eine Zahnzusatzversicherung übernimmt einen großen Teil dieser Kosten, da die gesetzliche Leistung hier nur gering ist – wie so oft.

Diese Zusatzversicherungen bekommen Sie nur, wenn Sie gesund sind. Daher wird bei Abschluss darauf geachtet, dass Sie keine Vorerkrankungen und Schäden haben (und es hoffentlich auch so bleibt).

Je jünger und gesünder Sie also sind, desto günstiger wird die Prämie. Als Zusatzversicherung sind neben der erwähnten Krankenhaus- und Zahnersatzversicherung auch Leistungen im Krankenstand wichtig. In jungen Jahren ist zwar der Zahnersatz noch kein Thema, doch später können diese neuen Zähne sehr teuer werden. Frühes Absichern hilft hier. Das betrifft natürlich nicht nur Zahnersatz, sondern auch das Krankentagegeld, wenn Sie länger als 6 Wochen am Stück krankgeschrieben sind.

Hier endet die Lohnfortzahlung des Arbeitgebers nach diesen 42 Tagen und die Krankenkasse zahlt nun

Ihr Gehalt, aber abzüglich der Sozialversicherungen, sodass Ihr Gehalt um über 21 % sinkt, ganz abgesehen von etwaigen Sonderzulagen, die Sie in Ihrer Krankenzeit nicht verdienen können und somit nicht erhalten. Hier gilt es, dass Sie sich mit einem Tagegeld ausreichend absichern.

Ähnlich, aber langfristig erheblich tief greifender, ist die Altersvorsorge. Auch hier ist der Staat nicht in der Lage, die finanziellen Mittel zur Verfügung zu stellen, die Sie später für eine angemessene Rente im Alter benötigen, auch wenn Sie jahrzehntelang einbezahlt haben. Warum, schließlich zahlen Sie jahrelang in die gesetzliche Rentenversicherung ein?

Weil es ein Umlageverfahren und keine Beitragsansammlung für den Einzelnen gibt. In dieses System zahlen immer weniger Menschen ein, aber die Zahl der Empfänger steigt stetig. Ihr Rentenbeitrag wird also nicht zurückgelegt, sondern sofort an einige Rentner (später theoretisch nur noch an einen Rentner) ausbezahlt. Und je mehr Rentner es gibt, desto mehr Geld wird benötigt. Doch es gibt immer weniger Beitragszahler, sodass dieses System auf Dauer wohl nicht mehr sinnvoll weitergeführt werden kann, da die Rentenhöhe immer weiter sinkt.

Also ist private Vorsorge, und zwar so früh wie möglich beginnend, erforderlich. Hier spielt die Zeit eine entscheidende Rolle und es gibt keine Gesundheitsfragen. Je mehr und je länger Sie einzahlen, desto höher fällt später Ihre lebenslange eigene Rentenzahlung aus, unabhängig von staatlicher Leistung. Werden Sie im Alter finanziell unabhängig und genießen Sie Ihr Leben, sorgen Sie vor.

Das Thema Vorsorge wird immer mehr wichtiger, vor allem unter dem Aspekt, dass die herkömmlichen Rentenversicherungen beständig weniger Renten zahlen. Die gesetzliche Rente ist kaum noch in der Lage, in Zukunft eine angemessene Rente zu bezahlen. Eine Mischung aus Sozialleistungen und Rentenversicherung wird sich wohl später als Alterszahlung ergeben. Umso wichtiger ist es, dass Sie bereits frühzeitig beginnen, Geld für das Alter zurückzulegen, auch, wenn der Zeitpunkt noch in weiter Ferne liegt. Doch genau das ist der besondere Hebel, der Faktor Zeit, die für Sie arbeitet. Neben dem Aufbau einer Rente sollten Sie auch Geld für zukünftige Anschaffungen zur Seite legen.

Dabei hat sich das 3-Töpfe-Prinzip bewährt. Investiert wird in verschiedene Fonds, wobei besonders die Versicherungen mittlerweile erstklassige Sparformen anbieten, sehr kostenminimiert, renditestark und transparent. In den ersten Topf kommt das Geld, dass man für den schnellen Zugriff bereithält. Rendite spielt hier fast keine Rolle, nur die schnelle Verfügbarkeit.

Bis etwa dreitausend maximal fünftausend Euro sollen hier eingespart werden. Der zweite Topf ist für mittelfristige Ausgaben gedacht, das kann eine große Reise sein, ein Auto oder neue Möbel usw. Hier sollte der Anlagehorizont von etwa 5 bis 7 Jahre durchaus mit einer attraktiven Rendite gekoppelt werden. So kommt zusätzliches Kapital hinzu.

Als Ziel sollte 5.000 – 8.000 Euro angesetzt werden. Der letzte Topf, Sie ahnen es schon, läuft auf ewig, hier gibt es kein Limit, die Fonds hierfür dürfen ruhig spannender sein, also mehr Rendite für mehr Nervenkitzel. Die Vergangenheit hat gezeigt (ohne einen Anspruch auf sich wiederholende Szenarien), dass die Langfristigkeit sich immer noch ausgezahlt hat. Aber ist denn Betongold nicht die bessere Alternative? Ja, auf die Mischung kommt es an, ein Haus braucht Pflege und verursacht Kosten, Fonds sind Unternehmensbeteiligungen. Und diese wollen Gewinne machen, also steigen die Fonds. Bleiben Sie dran, denn auf lange Sicht werden Sie so gewinnen.

Um beim Thema *eigenes Geld* zu bleiben, will ich auch kurz auf zwei Bereiche eingehen, die nichts mit der Versicherung zu tun haben, wohl aber mit Ihrem Geld. Der Staat fördert (weil er zuvor Steuern gefordert hat) Ihren privaten Vermögensaufbau. Dazu müssen nur einige Vorgaben beachtet werden:

Wenn Sie mindestens 16 Jahre alt sind, kommen Sie hierfür schon infrage. Für die Förderung nach dem Wohnungsbauprämiengesetz darf Ihr Einkommen die Grenze von 35.000 € als Single bzw. 70.000 € als verheiratetes Paar (Stand 2021) nicht überschreiten. Gefördert wird nur in einen Bausparvertrag, der eine Laufzeit von mindestens 7 Jahren hat. Pro Jahr werden maximal 700 € an Einzahlungen mit einem 10 % Bonus gefördert, also 70 € pro Jahr. Mehr einzuzahlen, bringt hier keinen weiteren Vorteil.

Die Gutschrift erfolgt allerdings erst nach dem siebten Jahr auf das Bausparkonto, quasi vor Auszahlung. Sie sollten aus diesem Grund eine geringe Bausparsumme wählen, um die Abschlusskosten gering zu halten. Es ist ein klassischer Vermögensaufbau, die Idee des Bauens sollten Sie hiermit so nicht angehen. Die Förderung mit 70 € erscheint Ihnen zu wenig? Wo bekommen Sie in dem jetzigen Niedrigzinsumfeld so viele Zinsen wie hier? Nach 7 Jahren haben Sie mindestens 5.350 € (abzüglich der etwaigen Kosten plus der Guthabenzinsen) zu erwarten. Das Geld steht zur freien Verfügung.

Eine weitere, zusätzliche Variante neben der oben genannten Wohnungsbauprämie sind vermögenswirksame Leistungen, die durch den Arbeitgeber bezahlt werden. Während bei der Wohnungsbauprämie die Einzahlungen in den Bausparvertrag von Ihnen selbst erfolgen müssen, tritt hier der Arbeitgeber aus Einzahler auf. Neben einem Bausparvertrag kann hier der etwas interessantere Aktienfonds-Sparplan gewählt werden, der mehr Rendite bringen könnte, aber etwas weniger Förderung erhält.

Hier werden auf den maximalen Einzahlungsbetrag von 470 € im Jahr (umgerechnet 39,17 € im Monat) noch mal 9 % Förderung am Ende der Bindefrist von 6 Jahren plus ein Jahr Ruhezeit eingezahlt. Danach steht auch hier das Geld zur freien Verfügung. Da die Einzahlungen bereits nach 6 Jahren enden, der Vertrag aber noch ein Jahr ruhen muss, sollte man bereits zum Ende des 6. Jahres einen Anschlussvertrag beim Arbeitgeber vorlegen, damit dieser die vermögenswirksamen Leistungen weiterhin zahlen kann.

GIBT ES AUCH VERSICHERUNGEN, DIE NICHT (SO) WICHTIG SIND?

Bisher haben wir die sinnvollen und wichtigen Versicherungen angesprochen. Die Versicherungen sind aber auch Wirtschaftsunternehmen, die Geld verdienen wollen. So sind diese Unternehmen also bestrebt, buchstäblich alles zu versichern, wo sich ein Markt dafür zeigt und somit Geld verdienen lässt. Wenn die Statistik zeigt, dass die Sparte trotz etwaiger Schadenszahlungen einen Gewinn abwirft, wird diese lanciert.

Da wird auch mal mit Versicherungen geworben, die eigentlich überflüssig oder sogar unnötig sind. Wie können Sie diese erkennen: Sie sollten immer im Auge behalten, worum es grundsätzlich geht: Geld, oder auch Kosten, die Sie nicht mehr selbst tragen können oder wollen. Aber welche Summe ist das?

Was ist hier überschaubar und damit kein Existenzrisiko im Leben? Das sollte jeder für sich abwägen, seine persönliche Situation ist dazu mit entscheidend. Sie wollen kein Risiko eingehen, wollen auch keine Selbstbeteiligung bei einem

Schaden? Das lassen sich Versicherer entsprechend bezahlen, diese gefühlte Sicherheit ist etwas teurer. Aber in Deutschland will man alles sicher, ob Regeln, Zinsen oder Versicherungen. Ein Großteil der Welt ist da risikobereiter in solchen Dingen. Und wie sind Sie eingestellt? Würden Sie sich mit diesen Versicherungen besser fühlen?

Da wäre zum einen die Brillenversicherung, deren Beiträge für den Vertrag zusammenaddiert über ein, zwei oder drei Jahre, je nach Tarif, etwa den Zuschuss ergeben, der als Leistung alle 12, 24 oder 36 Monate ausbezahlt wird. Ist das wirklich ein Risiko? Eher macht man so etwas aus Bequemlichkeit.

Oder die Glasversicherung, wenn die Scheiben keiner größeren Gefahr durch Kinder oder Rasenmäher ausgesetzt sind. Achtung, hier gilt natürlich zu unterscheiden, ob Sie große und teure Terrassenfenster haben, die allein durch ihr Gewicht auch mal einen Sprung bekommen können und der Austausch sehr aufwendig und damit ziemlich teuer ist, oder „bloß" normale Isolierglasfenster (2- oder 3-fach verglast). Solche Scheiben sind durchaus bezahlbar. Auch ein Cerankochfeld ist nicht auf der Liste der „meist beschädigten

Glasflächen" ganz vorne. Natürlich, ein Schaden hier (Gewürzstreuer aus Glas fällt auf das Kochfeld) führt zu einem teuren Schaden, aber ist dieses Risiko den Beitrag wert?

Auf die Reisegepäckversicherung können Sie auch eher verzichten, da die Leistungen oft begrenzt und der Beitrag im Verhältnis zur Absicherung hoch ist. Ob man hier schon den Schaden quasi vorhersieht, frei nach dem Motto, wenn ich diese Versicherung schon habe, dann nutze ich sie auch.

Im Straßenverkehr ist die zusätzliche Absicherung der Mitfahrer durch eine Insassenunfallversicherung in der Autoversicherung nicht mehr nötig, da alle Geschädigten eines Autounfalles Ansprüche an die Kfz-Haftpflichtversicherung haben (außer der Fahrer selbst), egal, wo sie saßen. Bleiben wir gleich im Kfz-Versicherungsbereich, denn hier gibt es auch eine unnötige Zusatzversicherung: der Unfall-Rabattretter für die Schadenfreiheitsklasse. Dieser soll dafür sorgen, dass Sie nach einem Unfall im Folgejahr nicht einen höheren Beitrag in der Autoversicherung bezahlen müssen. Hört sich gut an, ist für den Betroffenen im Augenblick eine tolle Sache, aber dieser

Rabattretter ist verhältnismäßig teuer und vor allem zwingt er Sie, bei dieser Versicherung zu bleiben, auch, wenn Sie diese in Zukunft doch einmal verlassen wollen, weil der Beitrag durch Anpassungen zu teuer wurde. Nach dem Wechsel zu einem anderen Versicherer bekommen Sie plötzlich Ihren Schaden von damals wieder serviert und der günstige Beitrag wurde vergebens gekauft. Sie zahlen jetzt mehr als zuvor, der Grund für den Wechsel hat sich ins Gegenteil verkehrt.

Wägen Sie also immer ab, ob der Vorteil oder der Schutz, der Leistungsumfang, der Ihnen angeboten wird, auch wirklich sein Geld wert ist. Welches Risiko sind Sie zu tragen bereit, welches wollen Sie lieber in die Hände der Versicherung geben? Aus Bequemlichkeit, aus dem Gefühl der Sicherheit oder doch nur das versichern, was Sie selbst nicht mehr aufbringen können oder wollen? Versicherungen sind keine Briefmarkensammlungen, je mehr Policen, desto voller der Ordner soll nicht das Ziel sein.

ANLASSBEZOGENE VERSICHERUNGEN

Zu manchen Ereignissen oder Vorgängen werden Versicherungen angeboten, die nur für diese spezielle Situation benötigt werden und greifen. Dies sind teilweise Absicherungen, die wegen ihrer Besonderheiten auch häufig für die Betroffenen notwendig sind.

Dazu gehört beispielsweise die Bauherrenhaftpflichtversicherung. Diese schützt den Bauherren, wenn er während der Bauzeit für einen Schaden verantwortlich gemacht werden kann, weil sich ein Besucher auf der Baustelle verletzt oder einen Sachschaden (z. B. Kleidung beschädigt) erleidet. Arbeiter können hier keine Ansprüche stellen, da sie teilweise für die Absicherung der Baustelle verantwortlich sind. Wie immer gilt, Haftpflichtversicherungen decken mit einer sehr hohen Versicherungssumme die Schäden ab, die man selbst nicht tragen kann.

Im Rahmen des Hausbaus sollte auch eine Feuerrohbauversicherung nicht fehlen, denn diese schützt das noch nicht fertige Haus vor den Folgen eines Brandes. Und auf einer Baustelle gibt es viele brennbare Materialien und Abfälle, Holz und Kunststoffe. Aber Steine brennen doch nicht. Stimmt, aber all das andere kann in Flammen aufgehen. Und die Bausubstanz wird durch einen solchen Brand geschädigt. Und da wären wir wieder bei den Kosten. Kosten, mit denen der Bauherr nicht rechnet und die durch eine Feuerrohbauversicherung übernommen werden.

Eine weitere Versicherung in dieser Kategorie ist eine Reisekrankenversicherung. Sie ist als Jahrespolice für Sie selbst oder die Familie ausgestellt und muss vor der ersten Reise abgeschlossen sein. Es gibt Länder außerhalb der EU, die zur Einreise ein Visum verlangen. Hier ist der Nachweis dieser Reisekrankenversicherung zwingend erforderlich. Ich habe doch eine Krankenkasse, ist das dann nicht doppelt? Eine berechtigte Frage, vor allem, wenn man eher in der EU unterwegs ist. Aber nicht immer wird die Karte akzeptiert, denn die Ärzte rechnen bei einem Notfall von Urlaubern gern den Privattarif ab, der natürlich nicht von der gesetzlichen Krankenversicherung abgedeckt ist. Und die Zusage über eine Krankenhausbehandlung über 10.000 € erfolgt nur über eine Reisekrankenversicherung, ebenso der Rücktransport nach einer Erkrankung, wenn man selbst nicht mehr reisen kann oder die Überführung nach Tod. Diese Sachen sind in der gesetzlichen Krankenversicherung nicht enthalten und müssen daher über die Reisekrankenversicherung extra abgesichert werden.

Im weitesten Sinne gehört auch eine Moped-Versicherung hier in diese Kategorie. Ein Versicherungsschutz greift vom 01.03. eines jeden Jahres und gilt genau 1 Jahr, bis Ende Februar. Danach ist wieder ein neues (andersfarbiges) Kennzeichen zu kaufen. Zu den betroffenen Fahrzeugen gehören auch Mofas, E-Scooter, E-Bikes (solche mit mehr Leistung „als normal" und Helmpflicht) sowie Krankenfahrstühle, Quads und Leicht-Kfz.

Seitdem Corona die Welt in Atem hält, ist diese Versicherung kaum noch gefragt: die Veranstaltungshaftpflicht. Hierbei wird die Haftung eines Veranstalters einer Feier, einer Veranstaltung oder sonstigen Festivität abgesichert, vergleichbar mit der Bauherrenhaftpflichtversicherung, um Ansprüche gegen den Veranstalter zu übernehmen, weil sich jemand verletzt, verdorbenes Essen gereicht wurde oder ein Sachschaden an den Räumlichkeiten entsteht.

Billigheimer oder Abzocker – worauf es wirklich ankommt

S ie wollen das Beste für sich und natürlich den richtigen Schutz, dabei soll aber alles bezahlbar bleiben und Ihre persönliche Situation berücksichtigt werden. Ganz schön viel auf einmal. Und wer kann Ihnen hier Hilfe geben? Guter Rat ist teuer? Das Internet, der Makler oder der Vertreter? Am einfachsten erscheint hier das Internet, denn hier bestimmen

Sie selbst, was in den Warenkorb kommt. Keiner redet Ihnen hinein, schwatzt Ihnen was auf und stiehlt Ihre Zeit. Sie wissen ja, was Sie wollen, kein Schnickschnack und kein Firlefanz, nur die Versicherung, Punkt. Bravo, Sie wissen, was Sie wollen. Und auch, was Sie brauchen. Eben, es ist doch ganz einfach, zwei, drei Klicks und schon ist das Ergebnis da. Abzocker, nein, mit Ihnen nicht. Gut, Sie wollten sowieso nur eine Basis, eine Grundabsicherung, ohne etwas dazu. Warum auch, mehr kostet nur mehr und das wollen Sie nicht.

Hier würde ich Sie gern in Ihrem Drang zur Kasse kurz bremsen. Warum haben Sie diese Versicherung gewählt? Was war Ihr Absicherungswunsch und wurde der wirklich erfüllt? Woher kommt der Beitragsunterschied, der sich in den Vergleichen zeigt? Na, das sind die Gewinne der Unternehmen, oder doch nicht? Was, wenn Sie aber nur eine Art löchriges Sieb anstatt einer festen und umfassenden Absicherung gewählt haben, gelockt vom günstigen Beitrag, unwissend über die Leistungen? Gab es denn davor eine Beratung, eine Befragung, was Sie benötigen, was Sie schon haben und was Sie in Zukunft absichern wollen? Welche Risiken haben Sie, an die Sie als Einsteiger vielleicht gar nicht denken, weil Sie die angesprochenen

Risiken einfach nicht haben wollen (wer will schon einen Schaden, aber nur nicht daran zu denken, ist nicht genug, das Schicksal nimmt darauf keine Rücksicht)?

Mittlerweile sind die Basisangebote der einzelnen Versicherungssparten zwar schon gut ausgestattet, aber oft fehlen solche Bausteine, die den Vertrag teurer machen oder aber den besseren Schutz liefern, den Schutz, den Sie stillschweigend erwartet haben – und der im Schadensfall dann vielleicht fehlt. Also doch alle Unterpunkte mal lesen, öffnen, anschauen, auswählen und dazu nehmen, wenn es passt. Und wie hat sich jetzt der Preis verändert? Ein ganz anderer als zuvor.

Das war die Wahl im Internet. Und was macht ein Abzocker? Naturgemäß stellt man sich vor, dass er viel zu freundlich ist, das entgegengebrachte Vertrauen (die Basis für eine sinnvolle Zusammenarbeit) ausnutzt und Verträge empfiehlt, nein, aufschwatzt, die ungeeignet, unpassend und überfüllt sind. Aber warum sagen Sie dann Ja? Weil der Abzocker Sie dazu bringt – seine Show ist toll, alles hört sich so leicht an, man fühlt sich gut aufgehoben und sicher. Aber später, dann überkommen einen Zweifel. Die ersten Verträge kommen, vieles ist jetzt unverständlich, es wurde doch so einfach erklärt, und nun so etwas Unübersichtliches. Was hat der Typ Ihnen da bloß verkauft? Was sagen die Freunde, die Kollegen, die Familie? Dieser Abzocker, der hat nur auf sich geschaut, jetzt hängen Sie da, mit den Policen.

Was lief da falsch? Wurden Sie beraten, alle Fragen geklärt und dann eine für Sie auch verständliche Lösung angeboten? Die Leistungen, die Sie gewählt haben, müssen ersichtlich sein, und der Beitrag soll dem des Angebotes entsprechen. Dann haben Sie doch nichts auszusetzen, Sie haben auch für die Show bezahlt. Nur, in Ihrem Freundeskreis ernten Sie dafür ein Lächeln. Wie konnten Sie nur zustimmen? Denn diese Show, die beherrschen Sie nicht, können nicht alles so abspulen. Und dann der tolle Rat, im Internet gäbe es so etwas viel billiger. Ja, danke, aber die Probleme haben wir dazu schon angesprochen. Ein Abzocker verkauft Ihnen seine Show und oft viel mehr Versicherungen, als Sie wirklich zu diesem Zeitpunkt brauchen würden. Das ist das Problem. Ein weiteres Manko könnte die spätere Unerreichbarkeit sein, denn der Abzocker will neue Kunden, neue Abschlüsse, keine Diskussionen, Reklamationen oder gar Aufhebungen der Verträge. Und für Schäden ist er sowieso nicht der richtige Ansprechpartner, daher Abzocker.

Meiden Sie solche Selbstdarsteller, genießen Sie die Show, aber machen Sie keine Zusage, ohne sich davor schon anderweitig informiert zu haben. Und wo könnte das sein? Ein Versicherungsmakler oder Vertreter ist anders als der Abzocker und auch NACH dem Abschluss für die Kunden da, für Fragen und Erklärungen, Änderungen oder auch Schäden. Denn wofür benötigen Sie noch mal die Versicherung? Um Ihr Geld loszuwerden oder etwa doch im Schadensfall welches zu bekommen? Der maßgebliche Unterschied zwischen den beiden besteht in der Auswahlmöglichkeit der Versicherer.

Der Makler kann hier oft aus einer Vielzahl an Gesellschaften wählen, der Vertreter hat nur eine Gesellschaft und deren Kooperationspartner. Beides hat Vor- und Nachteile. Der Makler hat aufgrund der Vielzahl an Versicherungen seine speziellen Vorlieben und empfiehlt nur diese, dann ist die Auswahlmöglichkeit eher eingeschränkt anstatt groß, aber er bietet oft günstige Verträge an, die keine Lücken haben. Wie bei einem Supermarkt geht er dabei von Versicherer zu Versicherer und pickt nur die „Sonderangebote" heraus, Verträge, die bei anderen Anbietern teurer wären. So hat man am Schluss einen ganzen Strauß von Versicherungen. Sie laufen jedoch nur immer ein Jahr, sodass Sie die Wahl haben, neu abzuschließen oder zu bleiben.

Der Vertreter kennt die Abläufe in seinem Unternehmen sehr gut, kann Sonderprämien erwirken, wenn mehrere Versicherungen gewählt werden (Bonus) und hat oft feste Ansprechpartner im Schadensfall, was einen Zeitvorteil bedeutet, womit schneller Geld im Schadensfall für Sie fließt. Beiden gemein ist die Erfassung Ihrer Daten, Ihre Informationen, Wünsche, Ziele und die Besprechung der sich aufgezeigten Lücken auf dem Weg dahin, die es zu schließen gilt. Und jetzt haben Sie die Wahl, zu entscheiden, was wie abgesichert wird. Eventuell nicht alle Lücken auf einmal, aber Sie wissen jetzt besser über die Gefahren und über die Möglichkeiten Bescheid, können sich davor zu schützen.

Ein paar Grundlagen und Infos zum Versicherungsrecht

Nichts geht ohne Gesetze und Regeln, Richtlinien. Und vor allem in einem Bereich, wo es um Geld geht. Da hört der Spaß auf. Viele Gesetze im Bereich Versicherungen beruhen auf dem noch unter dem vom deutschen Kaiser und dessen Reichskanzler Otto von Bismarck geprägtem

Versicherungsvertragsgesetz von 1908, das im Jahr 2008, nach 100 Jahren, erstmals gründlich überarbeitet wurde.

Die damals wichtigsten Regelungen wurden in 5 Kapitel unterteilt, das waren damals vor allem die neu aufgekommenen Sozialversicherungen, die für die Arbeiter eine wichtige Unterstützung im harten Arbeiterleben darstellen. Davor gab es kaum eine Absicherung, wenn ein Arbeiter oder auch Angestellter krank wurde oder einen Unfall hatte. Lohn gab es nur für geleistete Arbeit – keine Arbeit, kein Lohn. Eine Katastrophe, vor allem bei Familien mit Kindern. Damals waren Frauen nur schlecht bezahlt und der Mann war der Hauptverdiener. Und die Rente?

Dafür mussten die Kinder her, daher oftmals auch diese großen Familien, damit die eigene Rente später durch den Verdienst der Kinder gezahlt werden konnte. Nach dieser Revolution im Sozialbereich konnte man sich einen Arzt leisten, war finanziell Grund-abgesichert, wenn ein Unfall das Arbeitsleben beendete oder man in Rente ging. Diese Vorteile beflügelte die Arbeiterschaft und man verbuchte dies als großen gemeinsamen Erfolg.

Und das war er auch, denn diese Sozialversicherungen wurden bis heute immer weiter ausgebaut und verfeinert.

Die Leistungen wurden natürlich an die steigenden Lebenshaltungskosten und auch an die Löhne sowie den wirtschaftlichen Fortschritt angepasst. Aber auch die modernen Arbeitsweisen, Zeitarbeit und Internet, die Pflegeversicherung, alles fand auch Niederschlag in den Gesetzen und in den Leistungen, die den Arbeitern und Angestellten zugutekommen.

Ja, aber was hat dies alles mit Ihnen zu tun? Diese genannten Versicherungen waren die wichtigsten, dazu wurden auch langsam die Einzel- und Sachversicherungen hinzugefügt. Es wurden die Grundbestandteile manifestiert, an die sich die Versicherer zu halten hatten, und Sie als Kunde wissen so auch, was Sie bei einem versicherten Schaden zu erwarten haben.

Wenn alles so klar ist, warum gibt es immer wieder Probleme? Das liegt leider in der Natur der Sache. Zwar ist der Schaden als Ursache, Hergang und Auswirkung genau definiert, aber so einfach ist es meist in der Wirklichkeit nicht, sodass die Versicherer hier immer wieder eine teilweise Leistungskürzung oder gar eine Leistungsversagung aussprechen. Das ist sehr ärgerlich, denn Beiträge wurden gern angenommen, im

Leistungsfall jedoch hat die Versicherung plötzlich „einen Igel in der Tasche mit dem Geld" und will nichts oder viel weniger bezahlen.

Man kann sich gegen vieles,
aber nie gegen alles versichern.

Manchmal kommen mehrere Schadensursachen zusammen und es muss geprüft werden, welche davon ausschlaggebend war und ob dieser Versicherungsschutz überhaupt so gegeben war. Oder die Forderungen in Bezug auf die Schadenshöhe gehen auseinander. Daher gibt es das berühmte Kleingedruckte zu den Versicherungsverträgen dazu. Heutzutage lässt sich dies recht flüssig lesen und ist ohne 6 Semester Jura auch zu verstehen.

Das war nicht immer so, auch deshalb musste das Gesetz öfter neu verfasst werden. Jetzt sind die Texte zu den Erklärungen einfach und verständlich, Schäden werden als Beispiele dargestellt und somit kann sich jeder ein Bild von den zu erwartenden Leistungen machen. Doch, was Sie als Kunde nicht mitbekommen und auch oft der Makler und Vertreter auch nicht erfährt, wenn in den Schadensabteilungen plötzlich neue Richtlinien oder Auslegungen gelten und beschlossen werden. Was gestern noch geduldet wurde, ist ab heute anders ausgelegt und wird abgelehnt. Es geht hierbei immer um grenzwertige Beurteilungen eines Schadens, mal zugunsten, mal zulasten des Versicherten.

Kulanz und Liberalitätszahlungen, also Schadensbegleichungen ohne einen Rechtsanspruch durch den Vertrag, gehören schon länger der Vergangenheit an, denn auch hier greift das Gesetz der Gleichbehandlung. Alle Versicherten sind nach den Versicherungsbedingungen gleichzubehandeln, denn alle zahlen ein und bekommen die gleiche (Grund-)Leistung. Wenn eine Ausnahme gemacht wird, so muss diese Ausnahme auch dem nächsten/allen Kunden gewährt werden.

Daher werden sich die Unternehmen hüten, von den versicherten Zusagen abzuweichen, um keine Präzedenzfälle zu generieren. Denn jede Versicherung wurde mathematisch und statistisch berechnet. Eine Abweichung außerhalb dieser Zahlen ist ohne die Mitwirkung der Aktuare ausgeschlossen. Aktuare sind Finanzprofis in den Versicherungen und erstellen Risikomodelle, anhand derer sich die Versicherungen orientieren und ihre Prämien festlegen können. Gemeinsam mit dem Gesamtverband der

Versicherungswirtschaft erfolgt jährlich eine Neube-
wertung der angefallenen Schäden im Verhältnis zu
den prognostizierten Ausgaben und Beitragseinnah-
men. Demnach wird neu berechnet und die Beiträge
günstiger oder nach oben angepasst. Wenn Ihr Vertrag
also teurer wird, liegt es sehr oft an zu vielen Schäden
in diesem Segment. Durch das Gemeinschaftsprinzip
trägt jeder ein wenig an den Kosten und Schäden, die
einige wenige verursachen. Und wenn solche „Scha-
densmagnete" zu viele Schäden melden, trennt sich die
Versicherung einfach von Ihnen, im Sinne der Gemein-
schaft.

Weitere Hilfe im Streitfall erhalten Sie auch beim
Ombudsmann der Versicherungswirtschaft, eine Art
Schiedsrichter zwischen Ihnen und der Versicherung,
wenn es zu scheinbar unlösbaren Problemen kommt.
Der Ombudsmann bewertet alle vorgelegten Unterlagen zu einem Fall (ob Versicherungsschaden oder aber
Kapitalanlage) neu und prüft, ob er anhand des Vertra-
ges und seiner Bedingungen eine Klärung entwickeln
kann, oder aber, ob hier eine Schlichtung, eine Auftei-
lung der Kosten oder des Schadens, vorzunehmen
wäre. Bis zu einer Summe von 10.000 € muss sich die
Versicherung an die Entscheidung des Ombudsmanns
halten, darüber hinaus kann sie seiner Empfehlung

folgen oder darauf aufbauen oder ganz außer Acht lassen. Dann hilft nur noch ein Gericht.

Welchen Vorteil haben Sie davon? Meist reicht dieser Finanzrahmen aus, um die Unstimmigkeiten zu klären, wenn es anders nicht weitergeht. Bereits das Versicherungsvertragsgesetz hilft hier weiter. So kann der Vermittler, der etwas vergessen oder übersehen hat, für den Folgefehler und damit Schaden bei Ihnen verursacht hat, persönlich zur Verantwortung gezogen werden. Ein ganz schöner Hammer!

Können Sie das in Ihrer Werkstatt auch, wenn ein Mechaniker nicht richtig arbeitet? Nein, das übernimmt die Firma. Anders bei Versicherungen: Hier wird eine Falschberatung dem Einzelnen angelastet. Dies wäre zum Beispiel dann der Fall, wenn der Vermittler vergisst, ein Risiko zu versichern, obwohl Sie als Kunde dies ausdrücklich gewünscht haben. Passiert nun ein Schaden, so haftet der Vermittler für diesen Fehler, was unter Umständen sehr teuer für ihn werden kann. Aber er kann sich schützen, Sie wissen schon wie, genau, mit einer Versicherung (hier eine Vermögensschadenhaftpflichtversicherung). Wenn Sie also einen Grund haben, nach einem Schaden trotz gewünschter Versicherung ohne Leistungen dazustehen, können Sie sich an den Vermittler halten.

Wie kann der Vermittler sich seinerseits vor solchen Fehlern schützen? Indem er sich in regelmäßigen Abständen mit seinen Kunden unterhält, sich mit ihnen trifft und über die bestehenden Versicherungen redet. Sind noch Lücken da? Gibt es neue Risiken, die zu versichern sind? Haben sich die Ziele von damals geändert (z. B. der Zeitpunkt, wann Sie in Rente gehen wollen). Daher kann sich der Vermittler eigentlich ganz leicht aus der Situation befreien, indem er mit Ihnen spricht, Fehler und Lücken erkennt und diese behebt. Aber auch Sie als Kunde sind verpflichtet, die Ihnen zugesandten Versicherungsunterlagen nach dem Abschluss genau zu prüfen, Unstimmigkeiten zu melden und bei Fehlern oder Mängeln von sich aus den Kontakt zu suchen. Auch, wenn immer häufiger alles elektronisch versandt wird, nehmen Sie sich die Zeit und schauen Sie sich an, was Sie da bekommen haben, was versichert ist. Ansonsten kann Ihnen bei einem nicht versicherten Schaden durchaus ein Mitverschulden angerechnet werden, da Sie nicht sorgfältig genau mit Ihren Unterlagen und Ihren Werten umgegangen sind. Der Vermittler trägt dann ggf. nur noch eine Teilschuld, was bedeutet, dass Sie auf einem großen Teil der Kosten sitzen bleiben, was nicht gut ist.

Mein ganz heißer Tipp: Lassen Sie einmal im Jahr einen Versicherungs-„TÜV" machen, alle Verträge durchchecken, ob diese noch aktuell sind, ob etwas überflüssig geworden ist oder durch einen Ersatz aufgebessert oder erweitert werden kann oder muss. Gemeinsam geht alles besser, dann muss es gar nicht erst zum Rechtsstreit kommen. Schon allein der Umstand, dass Sie ein Jahr älter geworden sind, kann schon Veränderungen mit sich bringen, sei es bei Ihrer Arbeit, Familie oder Freizeit.

CHECKLISTE FÜR DEN START

Betrachten wir den Zeitpunkt, ab dem Sie selbst etwas dazu beitragen können. Das wäre als Schüler und als beginnender Azubi, mit Unterstützung der Eltern.

- Berufsunfähigkeitsversicherung in maximaler Höhe (Schüler/Azubi meist 1.200 €)

- Unfallversicherung mit Todesfallschutz (so bleiben der Familie keine Kosten zurück)

- Privathaftpflichtversicherung (nur, wenn nicht über die Eltern bereits abgedeckt)

- Krankenzusatzversicherung (Krankenhaus Mehrleistungen 2-Bett und Chefarzt)

- Krankentagegeldversicherung (erst als Azubi mit eigener Krankenversicherung)

- Bausparer für Wohnungsbauprämie (Förderung 10 %, maximal 70 € für Einzahlung bis im Jahr 700 €, mehr einzahlen bringt nicht mehr Förderung)

- Vermögenswirksame Leistung (Bausparer oder Aktien/Fondssparplan, 9 %, maximal 42,30 € für 470 € Einzahlung durch den Arbeitgeber, Bausparer 7 Jahre fest oder Aktien/Fondssparplan 6 Jahre fest plus 1 Jahr Ruhezeit)

• Autoversicherung (bzw. Mofa-/ Motorradversicherung), evtl. ergänzt um eine Kaskoversicherung (Teilkasko oder Vollkasko)

• Verkehrsrechtsschutzversicherung (wenn volljährig und ein eigenes Fahrzeug vorhanden ist)

• Pflegezusatzversicherung (damit die Familie vor hohen Zahlungen geschützt bleibt).

CHECKLISTE FÜR DEN BERUFSANFÄNGER

Wenn Sie den ersten Schritt bereits gemacht haben, bauen Sie darauf einfach auf. Wenn dieser Zeitpunkt für Sie allerdings schon vorbei ist, so wird es jetzt Zeit, sich richtig abzusichern und die Weichen für die Zukunft zu stellen.

• Berufsunfähigkeitsversicherung, angepasst an das Einkommen, das man demnächst erzielen wird.

• Unfallversicherung mit entsprechender Invaliditätssumme, Todesfallschutz, lebenslange Unfall-Rente.

• Pflegezusatzversicherung, noch günstiger Einstieg, Leistung kann später dynamisch angepasst werden, ohne weitere Gesundheitsfragen.

- Privathaftpflichtversicherung (wenn nicht über die Eltern noch abgesichert)
- Rechtsschutzversicherung, angepasst für die Bereiche Privat, Beruf und Verkehr, ggf. Miete.
- Hausratversicherung (wenn eigener Hausstand)
- Sparplan für zukünftige Ausgaben (3-Topf-Fondssparen)
- Rentenversicherung (zusätzlich als lebenslange Rentenzahlung)
- Autoversicherung (wenn denn ein solches Fahrzeug schon genutzt wird).

CHECKLISTE FÜR DEN SINGLE

Spätestens hier haben Sie eine eigene Wohnung, sind mit der Ausbildung oder Studium fertig und brauchen die Leistungen, die wir zuvor im Bereich Start als Teil der elterlichen Versicherungen noch zur Wahl gestellt hatten, da Sie dort kostenlos mitversichert waren. Jetzt müssen alle Verträge auf Sie laufen. Im Vergleich zum Berufsstarter gibt es hier sonst keine Erweiterungen, es wird nur etwas teurer.

CHECKLISTE FÜR DIE JUNGE FAMILIE

Nun wird das Glück langsam perfekt, Sie haben den richtigen Partner gefunden, alles ist klasse. Was steht als Nächstes an? Karriere oder doch Familienplanung? Hauskauf oder erst Kinder? In jedem Falle zahlt es sich jetzt schon aus, wenn Sie in Ihren Fonds und im Bausparer Kapital angesammelt haben. Und was braucht eine junge Familie an Absicherungen im Vergleich zum Single?

- Risikolebensversicherung (als Familienschutz, Höhe mindestens so hoch, dass alle Verbindlichkeiten getilgt werden (Baukredite) und noch so viel Geld ausgezahlt wird, dass die trauernde Familie 1 bis 2 Jahre zurechtkommt oder bis die Kinder Mitte 20 sind = Ausbildungsende und Beginn des eigenen Lebens)
- Alle Versicherungen auf den Partner ausdehnen (Haftpflicht, Rechtsschutz, Bezugsrechte im Todesfall)
- Absicherung für die Kinder wie im Bereich Start bereits für Sie selbst damals angesprochen, jetzt müssen Sie für Ihre Kinder frühzeitig handeln.
- Unfallversicherungen für die ganze Familie mit ausreichenden Summen

---

- Pflegeversicherungen für die ganze Familie incl. der Kinder
- Gebäudeversicherungen (inkl. Bauherrenhaftpflicht und Feuerrohbau)
- Tierversicherung (Hund, Pferd) ggf. inkl. Tierkrankenversicherung.

CHECKLISTE FÜR DAS RESTLICHE LEBEN

Wenn Sie alles so vorbereitet haben, wird Ihnen das Schicksal durch Widerwärtigkeiten nicht die letzten Cent nehmen. Sie haben sich abgesichert, so gut es geht, haben die Risiken abgewälzt und fühlen sich sicher. Nun sind die Kinder aus dem Haus, steigen selbst ins Berufsleben ein, werden selbstständig, gründen eine eigene Familie. Nun können Sie einen Teil der Absicherungen zurückfahren, alle Kinderversicherungen können auf Ihre Kinder übertragen werden oder enden. Ebenso ist die Risikolebensversicherung jetzt nicht mehr relevant. Was ist jetzt noch wichtig?

- Kapitalstreuung, Sie verwalten und leben von Ihrem Geld, kümmern sich zum Zwecke der Renditesteigerung eventuell selbst um die eine oder andere Anlage.

- Sichere Geldanlagen mit mittlerer Laufzeit auswählen

- Das Kapital, das nicht fürs Alter gebraucht wird, auch nutzen (Reisen, Hobbys, Unterstützung der Kinder oder aber für Wohltätigkeit)

- Sie haben bereits eine Vorsorgevollmacht und Patientenverfügung erstellt, um eine wunschgemäße Behandlung zu erfahren, wenn man selbst dazu nicht mehr in der Lage wäre.

- Testament verfassen, um alles jetzt schon zu regeln.

Sie schauen nun zurück auf ein langes, glückliches und zufriedenes Leben und haben Höhen und Tiefen, Lachen und Weinen erlebt. Das Leben, wie es so ist, mit allem Auf und Ab, aber mit weniger Geldsorgen Dank der Versicherungen.

Was, das ist wirklich passiert? – Anekdoten aus den Schadens- abteilungen

Zum Schluss noch ein paar kleine Anekdoten aus den Schadenbereichen der Versicherungen (Quelle: Internet, eigene Recherchen)

EINBRECHER

Bei einem Einbruch in ein Haus wird das Fenster eingeschlagen, der Täter (nur eine Fußspur) entwendet gezielt hochwertige Dinge und Uhren sowie Schmuck. Der Geschädigte ist hausratversichert – und erhält anstatt einer Entschädigung eine Strafanzeige und Besuch von der Staatsanwaltschaft: Die Fensterscherben lagen außerhalb des Hauses, es wurde von innen eingeschlagen, er gesteht das Vortäuschen einer Straftat.

TOTALSCHADEN

Bei der Anfahrt an eine Ampelkreuzung verliert ein Auto eine Radkappe beim Abbremsen, die nicht fest genug auf das Rad geklippt war. Ein anderes Fahrzeug, das an einer Querstraße wartet, wird durch diese Radkappe zwischen vorderem Stoßfänger und Kotflügel getroffen. Bei der Versicherung reicht er daraufhin einen Kostenvoranschlag über einen Totalschaden ein, verzogene Spur, beschädigte Felge, Stoßfänger und Kotflügel ebenfalls stark beschädigt, beide Scheinwerfer kaputt. Auf die Bitte, den Schaden von einem Sachverständigen auf Plausibilität prüfen zu lassen, ging das „Opfer" nicht ein und zog alle Forderungen vollständig zurück, da ein Versicherungsdetektiv ebenfalls nun Interesse an dem Fall hatte.

Unfall 1

Schon länger zurück liegt ein Fall eines Metzgers: Er hatte eine hohe Unfallversicherung und auch hohe Schulden aus nicht geschäftlichem Handeln. Als ihm das Wasser schon fast bis zum Hals gestiegen war, erinnerte er sich an seine Unfallversicherung. Da seine Gläubiger immer drängender wurden, entschloss er sich, mit der Kreissäge selbst Hand anzulegen – und sägte sich den Daumen ab. Blutüberströmt traf er im Krankenhaus ein, der Daumen konnte nicht mehr angenäht werden. Der Metzger reichte daraufhin nach seiner Entlassung aus dem Krankenhaus den Unfallbericht ein und forderte die entsprechende Summe aus der Unfallversicherung. Doch die zahlte nicht – ein Gutachter konnte nachweisen, dass die Art und Weise, wie der Daumen abgetrennt wurde, nur dann vollständig erfolgt, wenn man trotz allergrößter Schmerzen „weitermacht". Danach übernahm die Staatsanwaltschaft.

Unfall 2

Ein älterer Herr will sein Fahrzeug in der eigenen Tiefgarage parken. Dazu steigt er aus, will das Tor öffnen, da fährt das nicht richtig gesicherte Auto los und klemmt ihn zwischen Tor und Stoßfänger ein. Mit mittleren Verletzungen am Bein kommt er in ein Krankenhaus. Dort wird er behandelt und operiert. Als er nach der OP wieder aufwacht – ist sein Bein abgenommen. Völlig benommen fragt er nach dem Grund: Er hätte „Zucker" (Zuckerkranke haben durch Schlecht- oder Nichtbehandlung feine Zuckerkristalle in den Kapillaren der Beine, die die Durchblutung stören und die Wundheilung stark beeinträchtigen). Das war dem Mann völlig unbekannt, der Hausarzt sagte später, der Zucker wäre unter einem Level gewesen, der nicht zwingend zu einer Behandlung gezwungen hätte. Außerdem ist bei älteren Menschen doch sowieso klar, dass diese Zucker hätten. Das angerufene Gericht sah diese Einschätzung später etwas anders und sprach sich im Sinne des Geschädigten für eine angemessene Schadensersatzzahlung durch diesen Arzt aus.

Die Unfallversicherung zahlte übrigens nicht und wurde rückwirkend beendet (vorvertragliche Anzeigenpflichtverletzung, Zuckerkrankheit führt zum Ausschluss, das eingezahlte Geld wurde aber zurückerstattet).

KERZE

Ein älteres Paar wohnt in einem kleinen Haus auf dem Lande, die beiden Bewohner hatten einen schweren

Tag hinter sich und waren schon müde, als sie nach Hause kamen. Wie immer zündete die Frau eine Kerze im Flur an. Man begab sich ins Wohnzimmer, aß etwas und schlief dann auf dem Sofa ein.

Erst ein Krachen und Knistern weckte die beiden, der Flur stand in hellen Flammen, der Ausgang war somit versperrt. Beide retten sich gerade noch durch ein Fenster nach draußen, mit einer leichten Rauchgasvergiftung. Die Feuerwehr ist schon in der Anfahrt, da rennt der Mann noch mal ins lichterloh brennende Haus, um den Hund im ersten Stock zu retten. Bange Augenblicke, dann kommt er hustend aus den Schwaden, mit dem Hund.

Die Versicherung bezahlte den entstandenen Schaden durch die Kerze, da keine grobe Fahrlässigkeit vorlag (das Einschlafen auf dem Sofa war nicht geplant). Allen geht es wieder gut, das Haus konnte gerettet und wieder ausgebaut werden.

GLASVERSICHERUNG

Kinder und Glas sind eine ungute Mischung. In unserem Fall zeigt ein junges Mädchen, was sie im Sport alles gelernt hat. Ein herzhafter Tritt gegen die Haustüre, die eigentlich nur angelehnt war, sollte zeigen, was sie kann. Doch die Türe war ins Schloss gefallen – anstatt aufzugehen, bringt der Tritt gegen die

Haustüre den Glaseinsatz in der Türmitte zum Zerbre-
chen. Es wird niemand verletzt, doch der Schaden ist
erheblich, da die Türe eine Sonderanfertigung war. Die
Glasversicherung hat den Schaden übernommen.

Zusammenfassung

Versicherungen ziehen sich wie ein roter Faden durch unser Leben. Je früher Sie damit beginnen, desto besser sind Sie geschützt. Zudem zahlen Sie in jungen Jahren deutlich weniger Beiträge als später für das gleiche Risiko. Und diese Risiken richtig zu erkennen, um sich abzusichern, ist das Wichtigste im Kampf gegen das Schicksal, Zufall, Unfall.

Hierbei gibt es Hilfe durch Spezialisten – und als kleine Unterstützung diesen Ratgeber. Man kann sich nicht gegen alles versichern, aber eine Vielzahl von Kosten lassen sich dadurch auf die Versicherung abwälzen und zerren nicht an Ihrem Geldbeutel und

Ihren Nerven. Auch kommen Sie z. B. durch die entsprechende Wahl der Krankenzusatzversicherung in den Genuss einer besseren Versorgung (fast wie ein Privatpatient), bleiben so gesünder und erfahren die bestmögliche medizinische Hilfe, wenn es darauf ankommt. Und Gesundheit kann man auch nicht für viel Geld kaufen. Bereiten Sie daher den Einstieg in die Versicherungen gut vor.

Herstellung und Verlag:

BoD – Books on Demand, Norderstedt

ISBN: 9783754321454

1. Auflage

Kontakt: Psiana eCom UG/ Berumer Str. 44/ 26844 Jemgum

Covergestaltung: Fenna Larsson

Coverfoto: depositphotos.com